Petit Lapin Blanc

prend le train

Petit Lapin Blanc prend le train

Marie-France Floury
Fabienne Boisnard

Gautier-Languereau

Petit Lapin Blanc prend le train
pour aller chez son cousin Gaspard.
« Dépêche-toi Papa !
Le train va partir !
– Mais non,
il ne partira pas sans nous. »

Dans le wagon, Papa range les bagages.
« Je garde mon sac à dos »
dit Petit Lapin Blanc.

Le train démarre.
Petit Lapin Blanc sort ses coloriages.
Papa feuillette son journal.
« Chacun son travail ! »
s'écrie Petit Lapin Blanc.

« C'est l'heure du pique-nique,
dit soudain Papa.
– J'ai faim ! »
se réjouit Petit Lapin Blanc.

Après manger, petite promenade
dans le train.
« En avant, moussaillon,
il faut garder l'équilibre ! »
Papa ouvre la porte. Pch-cht !
Attention les doigts !

Petit Lapin Blanc se fait
un nouveau copain.
« Tu veux lire une histoire
avec ma maman ? propose Romain.
– Tu peux y aller, Petit Lapin, je reste là »
dit Papa.

Après l'histoire, Petit Lapin Blanc
et Romain jouent dans le couloir.
« Tchou-tchou ! Poussez-vous,
c'est nous ! »

« À qui sont ces petits coquins ? »
demande le contrôleur.
Vite ! Chacun retourne à sa place.
Mais avant, Petit Lapin Blanc
donne un bonbon à Romain.

Le train est arrivé.
Gaspard attend sur le quai.
Petit Lapin Blanc lui fait
un grand coucou !
« Au revoir, Romain,
à bientôt dans un autre train ! »

Directeur : Sarah Koegler-Jacquet
Direction éditoriale : Brigitte Leblanc
Éditrice : Juliette Spiteri
Responsable artistique : Solène Lavand,
assistée pour la mise en page de Pauline Lebreton
Fabrication : Virginie Vassart-Cugini
Lecture-correction : Myriam Blanc

58, rue Jean Bleuzen – CS 70007 – 92178 Vanves
ISBN : 978-2-01-398134-7 – Dépôt légal : janvier 2019 – Édition 01
Imprimé par Canale Bucarest en Roumanie – Achevé d'imprimer en janvier 2019
Loi n° 49-956 du 16 juillet 1949 sur les publications destinées à la jeunesse

Petit Lapin Blanc : pour grandir tendrement !

Petit Lapin Blanc se perd
Petit Lapin Blanc lave son doudou
Petit Lapin Blanc fait un spectacle
Petit Lapin Blanc chez ses grands-parents
Petit Lapin Blanc dort chez César
Petit Lapin Blanc quand tu seras grand
Petit Lapin Blanc à la fête foraine
Petit Lapin Blanc s'est cassé la jambe
Petit Lapin Blanc a peur de l'orage
Petit Lapin Blanc range sa chambre
Petit Lapin Blanc fête son anniversaire
Petit Lapin Blanc à la ferme
Petit Lapin Blanc au zoo
Petit Lapin Blanc invite ses amis
Petit Lapin Blanc voudrait un chaton
Petit Lapin Blanc aime jardiner
Petit Lapin Blanc passe une bonne semaine
Petit Lapin Blanc fait la cuisine
Petit Lapin Blanc est très poli
Petit Lapin Blanc dit non !
Petit Lapin Blanc regarde la Lune
Petit Lapin Blanc et les petites bêtes
Petit Lapin Blanc fait du poney
Petit Lapin Blanc aime sa maman
Petit Lapin Blanc est un coquin